JOURNAL Le Temps

THÉATRE DE CAMPAGNE

MA FILLE ET MON BIEN

Comédie en deux Tableaux (1)

PAR M. ERNEST LEGOUVÉ

PREMIER TABLEAU

La scène se passe à Villeneuve-Saint-Georges, chez M. Desgranges.

SCÈNE PREMIÈRE

Mme Desgranges, Madeleine, Henri.

(Madeleine et Henri entourent Mme Desgranges, en la suppliant.)

MADELEINE

Maman !

HENRI

Belle-maman !

MADELEINE

Ma petite maman !

MADAME DESGRANGES

Maman !... Belle maman !... Mais je ne demande pas mieux que de vous marier, moi ! (*Les regardant.*) Vous êtes si gentils tous les deux !... Regardez-moi un peu. Comme ces quatre yeux-là vont bien ensemble !... (*A part.*) Et quels jolis petits enfants cela me donnera !...

MADELEINE

Quoi, maman !

---

(1) Cette petite comédie est tirée d'un morceau lu par moi à l'Académie, sous le titre : *A propos d'une dot.*

MADAME DESGRANGES

(*Haut.*) Rien! rien! Je dis seulement que ce n'est pas moi qu'il faut attendrir! (*A Madeleine.*) C'est ton père!... (*A Henri.*) Ou le vôtre!... Deux entêtés qui ne veulent pas céder... (*A Henri.*) Voyons!... Relisez-moi la lettre de M. Grandval.

HENRI, lisant.

« Non! mon cher Henri, non! Je ne céderai pas. Je n'ai qu'une petite fortune, il faut que tu trouves une grosse dot. Je ne donnerai mon fils qu'à une demoiselle de deux cent mille francs. »

MADAME DESGRANGES

Et M. Desgranges qui a juré de son côté de ne donner que cent mille francs à Madeleine.

MADELEINE

Oh! d'abord, si je n'épouse pas Henri, je sens que je vais tomber malade.

MADAME DESGRANGES, éperdue.

Tomber malade!... Toi!... Oh bon! bon Dieu!... Voyons, ne te fais pas de mal... ma petite fille! (*A Henri.*) Mais parlez-lui donc!... Vous!

HENRI

Que voulez-vous que je lui dise quand j'ai autant de chagrin qu'elle!...

MADAME DESGRANGES

Bon! Voilà qu'il pleure aussi de son côté!... Voyons! mes petits enfants!... Soyez raisonnables! Vous savez bien que si cela dépendait de moi, je vous donnerais tout, que je me dépouillerais de tout!

HENRI

Vous êtes si bonne!

MADAME DESGRANGES

Trop bonne!... Mais M. Desgranges! un commerçant retiré! C'est différent. Et dès qu'il s'agit de sa caisse!

HENRI

M. Desgranges paraît pourtant le meilleur des hommes.

MADAME DESGRANGES

Il l'est! même généreux... de temps en temps... quand quelque chose l'attendrit!

MADELEINE

Hé bien, attendris-le!

MADAME DESGRANGES

Il faut que l'occasion y soit!... (*On entend la voix de M. Desgranges dans la coulisse.*) Le voici... avec un garde-vente. (*A Henri.*) Laissez-nous!

HENRI, *câlin.*

Essayez!...

MADAME DESGRANGES, à Henri.

Essayez de votre côté près de votre père! qu'il demande un peu moins, et je tâcherai que M. Desgranges donne un peu plus.

MADELEINE, à Henri.

Sortez par ici, pour qu'il ne vous voie pas!

HENRI

Pourquoi?

MADELEINE

Pour que cette visite-ci ne compte pas, et que vous puissiez revenir tout à l'heure.

HENRI

Est-elle charmante! A tout à l'heure!
(Il sort à droite.)

SCÈNE DEUXIÈME

Mme Desgranges, Madeleine, assises et travaillant, **Desgranges et le père Boyer,** venant du fond.

DESGRANGES *entre, des papiers à la main.*

Oui! oui! que le père Boyer monte.

MADELEINE, *allant à son père.*

Bonjour père!

DESGRANGES, *l'embrassant.*

Bonjour fillette! (*A sa femme et à sa fille.*) Je suis à vous tout de suite, mes enfants, quelques papiers à signer pour la mairie.

BOYER, *au fond.*

Je ne vous dérange pas, monsieur le maire.

DESGRANGES

Entrez, père Boyer! Vous venez pour M. le marquis?...

BOYER

Oui, monsieur le maire!...

DESGRANGES, *à sa femme.*

Ma chère, je te présente un des plus braves gens de la commune, un homme qui n'avait rien à vingt ans...

BOYER

Le fait est, madame, que mon père ne m'avait laissé que ces deux bras-là, mais ils étaient bons!

DESGRANGES

Et qui a gagné tout son avoir avec son travail; c'est le garde-vente du marquis d'Ormoy; le père... je me trompe... la mère Boyer!

BOYER, riant.

Monsieur Desgranges se moque toujours de moi.

MADAME DESGRANGES

La mère Boyer! Pourquoi ce nom?

DESGRANGES

Parbleu! parce qu'il aime trop son fils!

MADAME DESGRANGES, émue.

Vraiment!

DESGRANGES

Bon!... Voilà ma femme qui s'attendrit déjà! Je prétends (*riant*) que le grand regret de Boyer, c'est de n'avoir pas pu nourrir son fils!...

BOYER, riant.

Oh! monsieur le maire!

DESGRANGES, se mettant à table.

Allons! Donnez-moi vos procès-verbaux. (*Tout en écrivant, à Boyer.*) Votre affaire avec le rebouteur est-elle arrangée?

BOYER

Oui, monsieur le maire!

DESGRANGES

Il vous a payé les 30 francs qu'il vous devait?

BOYER

Payé! Oh! par exemple! Le rebouteur ne paye jamais! Je n'en aurais jamais eu un sou!... Mais heureusement pour moi, j'ai attrapé un bon tour de reins; alors, je me suis fait soigner par lui, et je suis rentré dans mon argent.

MADAME DESGRANGES, riant.

Ah! ce mode de remboursement!..

MADELEINE

Quel âge avez-vous, père Boyer?

BOYER

Douze ans, mam'selle!

MADELEINE

Douze ans!

DESGRANGES, tout en écrivant et riant.

Il veut dire soixante-douze ans.

BOYER

Oui, mam'selle! c'est qu'à partir de soixante ans on recommence.

MADELEINE

Asseyez-vous donc! vous devez être fatigué!

BOYER

Fatigué!... Est-ce que mam'selle me prend pour un conscrit?

DESGRANGES, à part.

Un père conscrit! (*Se levant et lui remettant les papiers.*) Voilà qui est fait!... Mes respects à M. le marquis!... Et bien des choses à votre belle-fille et à votre fils! Vous en êtes toujours content?

BOYER

Oh! brave garçon!... Et ouvrier! Pas tant que moi!... Mais j'ai assez travaillé pour qu'il se repose un peu.

MADAME DESGRANGES

C'est étonnant comme cet homme là me va!

DESGRANGES

Et lui! Il vous aime beaucoup, j'espère!

BOYER

Oh! je crois bien!... Pas tant que moi!... C'est tout simple! L'amitié ça ne remonte jamais si fort que ça descend.

DESGRANGES

Il me semble pourtant qu'après ce qu'il vous doit... En le mariant, vous lui avez donné tout votre bien! même votre maison.

BOYER

J'ai gardé la chambre d'honneur.

DESGRANGES

Oui! Mais vous n'êtes plus chez vous!

BOYER

Si! Puisque je suis chez lui!

MADAME DESGRANGES

Oh! Voilà un vrai mot de père! (*A sa fille.*) Je tiens le joint!

DESGRANGES

Allons! Adieu, père Boyer...

BOYER

Monsieur le maire!... Madame... (*Il sort.*)

SCENE TROISIÈME

Les mêmes, moins Boyer.

MADAME DESGRANGES, bas à sa fille.

Je commence l'attaque. (*Allant à son mari.*) Mon ami!

DESGRANGES

Ma femme!

MADAME DESGRANGES

Est-ce qu'il ne te semble pas que c'est la Providence qui t'a envoyé ce brave homme?

DESGRANGES

La Providence! Pourquoi?

MADAME DESGRANGES

Ne l'entends-tu pas qui te dit...

DESGRANGES

La Providence?...

MADAME DESGRANGES

Oui!

DESGRANGES

Hé bien, qu'est-ce qu'elle me dit?

MADAME DESGRANGES

Desgranges, te laisseras-tu vaincre en amour paternel par ce paysan? Desgranges...

DESGRANGES, l'interrompant.

Desgranges, donne deux cent mille francs de dot à ta fille!

MADAME DESGRANGES

Hé bien, oui, mon ami!

DESGRANGES

Hé bien, non, ma femme!

MADAME DESGRANGES

Mais...

DESGRANGES

Tu me connais? Tu sais que quand j'ai dit non, c'est non. N'insiste pas!

MADAME DESGRANGES

M. Desgranges! veux-tu savoir toute ma pensée? Tu n'as ni cœur ni entrailles!

DESGRANGES

C'est convenu, ma femme.

MADAME DESGRANGES

Tu n'es pas un père, tu es un...

DESGRANGES

Un bourreau!
    (Déclamant.)
Bourreau de votre fille, il ne vous reste, enfin,
Que d'en faire à sa mère un horrible festin!
            (*Iphigénie*, acte 3e.)

MADAME DESGRANGES

Monsieur Desgranges!

MONSIEUR DESGRANGES

Madame Desgranges!

MADAME DESGRANGES

Sais-tu bien, monsieur Desgranges, qu'avec ton flegme ironique, tu finiras par me mettre hors de moi, par me faire sortir de mon caractère!

DESGRANGES, à mi-voix.

Pourvu que tu n'y rentres pas, ma femme!

MADAME DESGRANGES

Ah! c'est trop fort!

MADELEINE, se levant.

Assez, ma mère! assez! Je ne veux pas être cause que mon père et toi vous vous parliez ainsi. (*Commençant à pleurer.*) Et puisqu'il ne croit pas devoir faire ce que nous lui demandons, puisqu'il nous refuse ce que nous désirons tant, ce qui ferait notre bonheur à Henri et à moi...

MADAME DESGRANGES

Elle pleure! ô ma fille! ma petite fille! et cela ne t'émeut pas, monstre! Tu peux voir ses larmes, tu peux l'entendre dire avec sa voix si douce que cela ferait son bonheur... et rester inflexible!

DESGRANGES

Que veux-tu, ma chère? quand je vois une femme pleurer, je me méfie toujours.

MADAME DESGRANGES

Comment?

DESGRANGES

Ce n'est pas ma faute, je me souviens. Au début de notre mariage, tu as si souvent pleuré quand tu voulais obtenir quelque chose de moi, que les larmes des femmes me font toujours l'effet d'un placement.

MADELEINE

O mon père! mon père! comment peux-tu douter de mon chagrin! Tu ne crois donc pas que j'aime Henri?

DESGRANGES

Si vraiment!

MADELEINE

Henri est bon et spirituel; tu dis toi-même qu'il a un bel avenir comme architecte.

DESGRANGES

C'est vrai!

MADELEINE

Son père, M. Grandval, est un homme...

DESGRANGES

Des plus honorables.

MADELEINE

Eh bien, alors...

MADAME DESGRANGES

Oui, eh bien, alors...

DESGRANGES

Eh bien, alors, qu'elle l'épouse! Je lui donne mon consentement, et avec mon consentement 100,000 francs de dot; mais 200,000, comme le demande M. de Grandval, non!

MADAME DESGRANGES

Pourquoi?

DESGRANGES

Pourquoi est charmant! parce que je ne suis pas assez riche pour donner 200,000 francs à ma fille sans me gêner.

MADAME DESGRANGES

Il t'en restera toujours assez!

DESGRANGES

Assez, c'est trop peu!

MADAME DESGRANGES

A ton âge on n'a plus de besoins.

DESGRANGES

Au contraire! Chaque année de plus amène un besoin de plus. Il n'y a pas une infirmité qui ne soit une dépense. Ma vue baisse, il me faut des lunettes; mes jambes faiblissent, il me faut une voiture; mes cheveux tombent, il me faut un toupet. Et les caoutchoucs! et la flanelle! Mais j'en ai pour cent francs par an, rien qu'en flanelle!

MADAME DESGRANGES

Mais...

DESGRANGES

Non, non! que la jeunesse soit pauvre, c'est juste! c'est son lot! Est-ce qu'elle a besoin de quelque chose? Qu'importe le bon souper et le bon gîte quand on a le reste? Mais la vieillesse...

MADAME DESGRANGES, avec amabilité.

Tu n'es pas vieux.

DESGRANGES

Oh! oh! si tu me dis des choses agréables, cela devient grave!

MADAME DESGRANGES, avec câlinerie.

Voyons, voyons, raisonnons... De quoi s'agit-il après tout? De quelques réductions légères dans notre train de vie; d'avoir, par exemple, un domestique de moins.

DESGRANGES

Précisément!

MADAME DESGRANGES

Eh bien, tant mieux!

DESGRANGES

Tant pis! je suis paresseux; j'aime à être servi.

MADAME DESGRANGES

Et tu t'allourdis! tu engraisses! tandis que si tu te servais un peu toi-même, tu resterais actif, jeune...

DESGRANGES

Je n'y tiens pas!

MADAME DESGRANGES

Mais moi, j'y tiens, dans ton intérêt! C'est comme pour notre table; nous retrancherons, je suppose, un plat à notre dîner...

DESGRANGES

Du tout! C'est ce que je ne veux pas, je suis gourmand!

MADELEINE

Père, c'est un péché.

DESGRANGES

Soit! mais un péché très agréable, et il m'en reste si peu de cette espèce-là! Ma chère gourmandise! Mais je n'entends jamais approcher l'heure du dîner sans voir flotter devant mes yeux comme un rêve... le menu! Ah! ça, me dis-je, quel joli plat de douceur ma femme m'aura-t-elle imaginé pour aujourd'hui... car je te rends justice là-dessus... tu as beaucoup d'imagination pour les entremets sucrés!

MADAME DESGRANGES, plus doucement et flattée.

Oui! oui! mais qu'arrive-t-il? Que tu manges trop! Tu te fais mal! Tu deviens tout rouge! Le médecin l'a dit, cela te jouera un mauvais tour, tandis qu'avec un ordinaire modeste... en devenant sobre...

DESGRANGES

Oh! sobre. Quel mot fade!

MADAME DESGRANGES

Tu resteras frais... calme... la tête libre... tu deviendras même meilleur!

DESGRANGES

Oui! oui! *Mens sana in corpore sano.*

MADAME DESGRANGES, voyant que son mari faiblit.

Voyons!... je te connais! Tu as le cœur excellent!... Toutes ces petites privations-là seront des bonheurs pour toi? Réponds! Est-ce que tu ne seras pas trop heureux de te saigner pour ta fille?

DESGRANGES

Oui! oui! je sais! le pélican! mais il paraît que ce n'est pas vrai!

SCÈNE QUATRIEME

Les mêmes, Henri.

MADELEINE, l'apercevant, courant à lui et le prenant par la main.

Venez, monsieur Henri, venez! Joignez-vous à nous! Mon père commence à se laisser toucher!

DESGRANGES

Moi?

HENRI, ému.

Oh! monsieur! monsieur!

DESGRANGES, se tournant tout d'un coup vers Henri.

Parbleu! vous faites bien d'arriver. Cela me rend à moi-même. Ah! ça, vous n'avez donc pas de cœur, vous! Comment, vous êtes aimé d'une jolie fille comme elle, bonne, instruite, affectueuse, et vous ne voulez pas l'épouser si elle n'a que cent mille francs de dot!

MADELEINE

Mais, mon père...

DESGRANGES

Il te marchande!... Mais moi, moi, quand j'ai épousé ta mère, elle valait cinquante mille fois moins que toi!

MADAME DESGRANGES, se récriant.

Comment?

DESGRANGES

Je veux dire qu'elle avait cinquante mille francs de moins que toi, et pourtant je n'ai pas hésité.

HENRI, vivement.

Je n'hésite pas non plus!

MADAME DESGRANGES

C'est son père qui refuse, mon ami!

MADELEINE

Oui, c'est son père! Mais lui, il ne tient pas du tout à ta fortune! Il m'a répété vingt fois qu'il me prendrait sans dot! qu'il aimerait même mieux que je n'eusse rien.

HENRI

C'est vrai!

DESGRANGES

Oui! oui!... On dit cela!... Je l'ai dit aussi... moi... mais en dedans...

MADAME DESGRANGES, vivement.

Comment! Ce n'était donc pas vrai!

DESGRANGES

Ce qui est vrai, ce que je trouve stupide cette maxime que les pères doivent s'immoler pour leurs enfants!

MADELEINE

S'immoler! Est-ce que je le voudrais? Est-ce que nous le voudrions? Est-ce que cet argent ne resterait pas à toi?

DESGRANGES

Ta ta ta! L'argent ne peut pas être dans deux endroits à la fois! Si je vous le donne, je le perds, et si je ne vous le donne pas, je le garde! C'est clair comme le jour.

MADELEINE

Mais, père...

DESGRANGES

Mes idées sont faites là-dessus. Un père doit être plus riche que ses enfants. Un père ne doit jamais se mettre dans la dépendance de ses enfants, et cela pour les enfants même, afin de ne pas les rendre ingrats.

MADELEINE, se récriant.

Oh! père! Oses tu dire?...

DESGRANGES

Ton bon petit cœur se révolte à ce mot.

MADELEINE

Oh! oui! Tu m'as fait bien mal!

DESGRANGES

Je le crois! Je crois à la sincérité de ton indignation, mais...

HENRI

Mais, pour qui nous prenez-vous donc, monsieur?

DESGRANGES

Pour des enfants pleins de cœur! de bons sentiments! Et c'est pour cela que je ne veux point vous gâter! Avez-vous entendu parler d'une pièce de théâtre nommée le *Roi Lear*.

HENRI

De Shakespeare?

DESGRANGES

Juste! Eh bien, savez-vous ce que c'est que son roi Lear? Un vieil imbécile qui n'a eu que le sort qu'il méritait!... Et quant à mesdames ses filles... Shakespeare, tout Shakespeare qu'il est, a fait une grosse faute, c'est de les peindre méchantes dès le début. Ce qu'il fallait, c'était de les montrer corrompues par la prodigalité insensée de leur père, conduites à l'ingratitude par le bienfait... Voilà la vérité! Car enfin, supprimez le bienfait, il n'y a plus d'ingratitude. Or, comme j'ai autant de sollicitude pour votre perfection que ma femme en a pour mon perfectionnement, je refuse net de me dépouiller pour vous, de peur de vous exposer à la tentation...

MADAME DESGRANGES

Mais...

DESGRANGES

Pas de mais! C'est résolu... Henri, allez trouver votre père et essayez de le faire renoncer à sa prétention! Que diable! il est plus facile de ne pas demander 100,000 francs que de les donner.

MADELEINE

Mais, s'il ne réussit pas à convaincre son père?

DESGRANGES

C'est qu'il ne t'aimera pas assez! auquel cas je ne le regretterai pas!...

MADAME DESGRANGES

Monstre! bourreau! égoïste! matérialiste!

DESGRANGES

Va! va!...

MADELEINE

Adieu, M. Henri.

HENRI, vivement.

Non, mademoiselle, au revoir! Votre père a raison! Je ne serais pas digne de vous si je ne vous conquérais pas.

DESGRANGES

A la bonne heure, jeune homme! Voilà un mot qui vous rend mon estime! Je ne vous donnerai pas un sou de plus pour cela, mais je vous estime! Partez et revenez!

HENRI, s'élançant au dehors.

A tout à l'heure!

Les deux femmes l'accompagnent jusqu'à la porte : Desgranges s'asseoit en riant. La toile tombe.

DEUXIÈME TABLEAU [1]

Chez M. Desgranges.—Une verandah donnant sur un jardin. Table, meubles, un petit secrétaire à droite.

SCÈNE PREMIÈRE

Desgranges, Madame Desgranges, Madeleine, Henri.
Mme Desgranges et Madeleine travaillent. Henri dessine.

DESGRANGES

Quel beau soleil! Un 18 novembre!

HENRI, déclamant.

C'est un jour de printemps égaré dans l'automne

---

(1) Ce tableau, quoique séparé de l'autre par une distance de trois ans, doit se jouer dans le même décor, et avec un très léger changement de costume, pour que l'entr'acte soit très court.

DESGRANGES

Toujours artiste, mon gendre!

HENRI

C'est mon état, cher beau-père!

DESGRANGES

Ah! ça, ma femme, parlons de choses sérieuses! Tu nous feras servir le dîner ici, dans cette verandah!

MADAME DESGRANGES

Mais, mon ami!...

DESGRANGES

J'ai besoin de la salle à manger! (à Henri.) Mon gendre, allez-vous à Paris aujourd'hui?

HENRI

Peut-être!

DESGRANGES

Ayez soin de revenir de bonne heure, j'ai besoin de vous!

HENRI

Toujours à vos ordres, cher beau-père!

MADELEINE

Ah! ça, papa, qu'est-ce que tu as? Je te trouve un air mystérieux, triomphant...

DESGRANGES

Ajoute rayonnant!... Fillette, combien y a-t-il de temps que vous êtes mariés?

MADELEINE

Après-demain trois ans.

MADAME DESGRANGES

Trois ans bien employés! Deux baptêmes dans ces trois ans!

DESGRANGES

Hé bien, moi, mes enfants... Il y a vingt-cinq ans aujourd'hui que j'ai épousé votre mère! Aussi, ma femme, toutes voiles dehors pour ce beau jour. Un dîner, comme si j'étais gourmand! Ce soir danse et musique!... J'ai invité tous mes amis de Montgeron, et même de Paris! Fillette, tu trouveras sur ton lit une jolie toilette toute neuve que j'ai fait faire chez ta couturière!

MADELEINE

Merci, père.

MADAME DESGRANGES

Et moi!

DESGRANGES

J'ai fait remonter à neuf pour toi, et cela ne servira pas qu'à toi, tous les diamants de ma mère! Tiens! regarde! (*Il lui montre l'écrin.*)

HENRI

Oh! ils sont admirables!

DESGRANGES

Je le crois bien! Sais-tu qu'ils ont beaucoup de prix! Notre voisin, le marquis d'Ormoy qui est un amateur et un connaisseur, m'en a offert ce matin vingt-cinq mille francs comptant, si je voulais les lui vendre pour sa belle-fille.

MADAME DESGRANGES

Vingt-cinq mille francs!

DESGRANGES

Oh! Il y tenait absolument! Je suis sûr que si je les lui envoyais maintenant, il m'en donnerait trente mille! Mais il pourrait bien m'en offrir trois fois autant, il ne les aurait pas! Car ils me représentent, ces diamants, ce que j'ai le plus aimé au monde, ma pauvre mère, qui me les a donnés pour toi, toi qui les as portés pour elle et pour moi, ta fille qui les portera pour nous trois!... Hé bien!... Voilà que je m'attendris... maintenant!... Comme je n'y suis pas habitué, ça me dérange!... Va serrer tes diamants (*Mme Desgranges va serrer les diamants*), et moi je vais prendre un peu l'air. (*Appelant.*) Jean! (*Jean paraît.*) Mon cache-nez!...

JEAN, cherchant.

Je l'ai vu là ce matin, sur ce meuble, monsieur.

DESGRANGES, le cherchant.

Il n'y est plus!... (*Riant.*) Ah!... je devine!... je sais où il est!

HENRI

Et où est-il donc?

DESGRANGES

Chez vous!... sur le berceau de monsieur votre fils! ou bien au cou de votre fille!

MADELEINE

Comment?

DESGRANGES, *montrant sa femme en riant.*

C'est elle qui me l'a pris ! Elle me prend tout pour vous !... Dès que quelque chose lui convient, elle le porte là-haut, dans votre nid,... comme la *Gazza ladra!...* madame Desgranges ou la *Pie voleuse*, par amour maternel ! Ah ! ah ! c'est admirable !

MADAME DESGRANGES

Mais mon ami !

DESGRANGES

Garde-le ! je le leur donne !... (*S'en allant en riant.*) Grand'mère ! pourquoi avez-vous de si grands bras,... c'est pour mieux dépouiller mon mari... mon enfant ! Ha ! ha ! ha ! (*Il sort.*)

SCÈNE DEUXIÈME

Madame Desgranges, Madeleine, Henri.

HENRI

Ah ! le brave homme !

MADELEINE

Et comme il est de bonne humeur, ce matin ! Il me semble que ce serait le moment de lui faire notre grande demande.

HENRI

Au fait !...

MADAME DESGRANGES

Quelle demande ?

HENRI

Belle maman ! Nous voudrions obtenir de M. Desgranges un vote de confiance.

MADELEINE

Oui ! le vote de quelques centimes additionnels.

MADAME DESGRANGES

Comment !... Votre budget...

HENRI

Manque d'équilibre. Nous avons jeté hier la sonde dans notre caisse, les eaux sont d'un bas... d'un bas...

MADAME DESGRANGES

Mais nous ne sommes qu'au 8 novembre, au premier tiers du trimestre.

HENRI

Hé bien, oui!... Les premiers tiers des trimestres sont terribles,... il est vrai que les derniers le sont encore plus !

MADAME DESGRANGES, à Madeleine.

Mais tu as reçu les intérêts de ta dot !... (*A Henri.*) Vous, la pension de votre père...

MADELEINE

Il a fallu payer le propriétaire, le tailleur...

HENRI

Et la couturière...

MADELEINE

Tu sais cette jolie toilette bleue...

HENRI

Qui lui va si bien...

MADAME DESGRANGES, avec enthousiasme.

Le fait est qu'elle était jolie avec cette petite robe!

HENRI

C'est pour vous que je l'ai achetée, belle-maman ! Vous m'avez confié votre ouvrage, je tâche de le faire valoir... Est-ce que j'ai eu tort ?

MADAME DESGRANGES

Je ne dis pas... Passe pour la toilette..., d'autant plus que comme c'est pour moi que vous l'avez achetée, il est juste que je la paye !... Mais cela ne m'explique pas comment vos deux pensions réunies...

MADELEINE

Et les enfants !... Tu as voulu absolument un petit garçon et une petite fille !... dame ! ça coute !... Est-ce que tu aimerais mieux ne pas les avoir ?...

MADAME DESGRANGES

Par exemple !...

HENRI

Est-ce que vous voudriez que nous fissions des économies sur eux..., sur les soins qu'il leur faut ?...

MADAME DESGRANGES, avec explosion.

J'aimerais mieux vendre jusqu'à ma dernière chemise !

MADELEINE

Tu vois bien !

MADAME DESGRANGES

Hé bien, je ne dis pas... Passe pour les enfants !... Mais mon ami, outre votre dot vous avez un état, et avec votre talent, car enfin vous avez du talent...

HENRI

Oh ! un talent énorme..., mais c'est ce que nous appelons un talent d'avenir. Voyez-vous, belle-maman, les jeunes architectes sont les plus malheureux des artistes ! Un poëte a beau être pauvre, il trouve toujours une plume pour écrire ses vers ; un musicien, une feuille de papier réglé pour écrire ses notes ; un peintre, un pinceau et un bout de toile pour y jeter ses idées de tableau ; mais des pierres de taille ! des pierres meulières ! et un terrain propre à la bâtisse ! On n'a pas ça sous la main !... On ne bâtit pas des maisons à volonté ! Nos seuls clients sont de petits propriétaires qui ont quelque lézarde à reboucher, quelque fenêtre à percer, quelque mur à réparer, et qui prennent un petit architecte, comme on prend un petit médecin pour les indispositions.

MADELEINE

L'espoir de le payer moins cher !...

HENRI

Nous occupons dans l'architecture la même place que le Grégoire de la Fontaine dans le noble art de la chaussure, nous ne faisons pas de maisons, nous les ressemelons, nous avons un art, et pas de matériaux pour l'exercer ! Notre profession est de construire, et nous n'avons pas de constructions à faire ! Imaginez-vous des castors en disponibilité !

MADELEINE

Bravo ! Tu aurais dû te faire avocat ! (*a Mme Desgranges*.) Oh ? ce sont des raisons cela !

MADAME DESGRANGES

Je ne dis pas... mais... pourtant votre plan pour l'hôtel de ville vous a valu une médaille de 1,500 **francs.**

HENRI

Et les devis, les coupes, les métrages, m'en ont coûté plus de deux mille... Tous mes gains de l'année y ont passé, de façon que la seule construction que j'ai faite... une construction sur papier, m'a emporté le bénéfice de tous mes travaux de réparation, j'ai dépensé en poésie l'argent que j'avais gagné en prose !

MADAME DESGRANGES

Pauvre garçon !

MADELEINE

Ah! Tu le plains! Tu le plains!

MADAME DESGRANGES

Je le plains! Je le plains!... Qu'est-ce que cela prouve! Que je suis trop bonne!... car enfin, voyons, mes petits enfants.... raisonnons! certainement vous ne m'accuserez pas d'être trop sévère.

HENRI

Sévère! oui!... mais trop?... non!

MADAME DESGRANGES

Hé bien, comment vous justifierez-vous de votre voyage en Auvergne cet été?... Une telle fantaisie!...

DADAME DESGRANGES

Une fantaisie!... notre voyage en Auvergne, une fantaisie!... Mais belle maman, c'était le plus sacré des devoirs.

MADAME DESGRANGES

Oh! par exemple?... c'est trop fort?

HENRI

Ecoutez-moi donc!

MADELEINE

Mais oui!... Ecoute-le!

MADAME DESGRANGES

Soit! J'écoute!

HENRI

Vous ne savez donc pas, belle maman, que dans l'Auvergne, il y a la ville d'Issoire, que dans Issoire se trouve le plus beau spécimen d'église romane, et qu'un architecte qui n'a pas vu Issoire, n'est pas un architecte!

MADAME DESGRANGES

Mais...

HENRI

Je sais ce que vous allez me dire, que d'Auvergne nous sommes descendus à Lyon, que de Lyon nous avons été à Genève,... et que de Genève nous avons passé jusqu'à Venise,... mais cela, belle-maman, ce n'est pas notre faute, c'est la faute des prix réduits.

MADAME DESGRANGES

Qu'est-ce qu'il va encore me conter?

HENRI

Je vous le demande !... Connaissez-vous rien de pareil à ces grandes affiches qui s'étalent sur toutes les murailles et portent en grosses lettres rouges ces mots cabalistiques : « Prix réduits ! Parcours d'un mois dans le nord de l'Italie, avec séjour dans les principales villes... Cent cinquante francs ! » Cent cinquante francs !... Mais c'est immoral comme une boutique de changeur !... Cent cinquante francs !... Comment voulez-vous qu'on résiste à la tentation ? Surtout quand, comme moi, on se sent destiné à gagner un jour cent mille francs par an ! Car je les gagnerai !... J'en suis sûr !... Seulement à quelle époque ?... Voilà la question ! Et comme en attendant j'ai déjà le caractère d'un millionnaire tandis que j'ai encore la bourse d'un homme qui gagne sept à huit cent francs par an, il en résulte que dame ! cela fait un écart !

MADAME DESGRANGES, riant.

Ah ! le fou !

MADELEINE

Tu as ri ! Tu as ri ! Nous sommes sauvés !

MADAME DESGRANGES

Sauvés ? Sous quel prétexte demanderai-je à ton père un supplément de pension.

MADELEINE

A cause de l'anniversaire d'aujourd'hui !

MADAME DESGRANGES

Il t'a déjà donné une robe !... Il m'a fait remonter mes diamants ! Si je lui fais un appel de fonds, il me répondra un latin,... un latin que je connais,... *non bis in idem.*

HENRI

Ce n'est qu'une avance de quelques mois que je lui demande, je suis intéressé dans une entreprise admirable, où j'aurais les plus beaux travaux comme architecte.

MADAME DESGRANGES

Enfin, nous verrons !

SCÈNE TROISIÈME

Les mêmes, le domestique.

LE DOMESTIQUE

Une lettre pour monsieur !

HENRI

Donnez. (*Il prend la lettre, le domestique sort. — Lisant, avec un cri de joie.*) Victoire !

MADELEINE

Ton entreprise !

HENRI

Bien mieux que cela !

MADELEINE ET MADAME DESGRANGES

Quoi donc ?

HENRI

Un coup du ciel ! Un miracle ! Oh ! la belle chose que la conscience !

MADELEINE

Mais explique-nous donc !

MADAME DESGRANGES

De qui est cette lettre ?

HENRI

Du curé de Saint-Eustache !

MADELEINE

Le curé de Saint-Eustache ! Que te veut-il ?

HENRI

Ecoutez ! (*Lisant.*) « Monsieur, un repentant, un mourant, m'a restitué hier pour vous, »

MADELEINE

Une restitution !

HENRI, continuant.

« M'a restitué, hier pour vous, avant de mourir, une somme qu'il avait détournée au préjudice de votre famille. Je la tiens à votre disposition, et j'espère qu'en venant la chercher, vous m'apporterez le pardon du coupable. »

HENRI

Si je lui pardonnerai !... Je lui pardonne déjà !

MADELEINE

Et celui qui t'écrit cette lettre ?

HENRI

Est le curé de Saint-Eustache. Vois !

MADAME DESGRANGES

Mais qui peut être cet honnête homme de voleur dont le repentir ?...

HENRI, comme frappé.

Ah! je le devine?... Un de mes oncles, dont je suis l'heritier, avait un caissier qui lui a emporté 15,000 francs, c'est cela !

MADELEINE, avec un cri de joie.

15,000 francs!

HENRI

Qu'est-ce que nous allons faire de cet argent-là?.. D'abord, belle maman, je vous donne une belle fourrure, vous en avez toujours eu envie.

MADAME DESGRANGES

Mais...

HENRI

Pas de mais... c'est résolu ! (*A sa femme.*) Et toi, qu'est-ce que tu veux ?... Et la petite, qu'est-ce que nous allons lui donner; moi, je me paie un Corot!

MADAME DESGRANGES

Mais... mon ami... mon ami !

HENRI

Ah! dame !... belle maman, si on ne fait pas de folies le jour d'une aubaine pareille, quand en fera-t-on?

MADELEINE

Oui ! Mais auparavant, il faut aller les chercher, ces 15,000 francs !

HENRI

Je pars !... (*à Madeleine.*) Si tu venais avec moi, nous irions dîner au café Anglais et de là au spectacle !

MADELEINE

Et les enfants !

MADAME DESGRANGES

Je les garderai ! Je coucherai dans leur chambre !...

MADELEINE

Mais ils t'empêcheront de dormir !

MADAME DESGRANGES

Tant mieux ! Je penserai que vous vous amusez Allez!

MADELEINE, l'embrassant.

Ah! que tu es bonne !

HENRI, à Madeleine.

Va mettre ton chapeau !... (*Avec un cri.*) Diable ! Et le dîner du beau-père !

MADELEINE

C'est juste!

HENRI

Allons! je pars seul! C'est dommage! Enfin donne-moi la lettre, que je voie l'adresse de ce brave curé! (*Parcourant la lettre.*) Où diable l'a-t-il mise?... Au revers sans doute! (*Il retourne la page en éclatant de rire.*) Ha! ha!... c'est impayable!... c'est à mourir de rire!...

MADELEINE

Quoi donc?

HENRI, riant toujours.

Le post-scriptum? le post-scriptum?

MADAME DESGRANGES

Qu'est-ce qu'il dit ce post-scriptum?

HENRI, lisant.

« J'apprends que vous êtes à la campagne; si vous ne pouvez venir, indiquez-moi quelqu'un de sûr, et je lui remettrai les 60 francs! »

MADELEINE, consternée.

60 francs!

MADAME DESGRANGES

C'est une mystification!

HENRI, riant.

Ah! elle est bien bonne!

MADELEINE

Comment as-tu le cœur de rire!

HENRI

Ah! j'en rirai longtemps!... avons-nous été assez bêtes!... comme si je ne savais pas que les remords des mourants ne vont jamais au delà de 100 francs?...

SCÈNE QUATRIÈME

Le domestique, entrant, une carte à la main.

Un monsieur qui arrive de Paris et qui demande à parler à monsieur.

HENRI, lisant la carte.

C'est de la part de notre société immobilière!

MADAME DESGRANGES

Voici mon mari, laissez-nous.

HENRI

Belle-maman, voilà l'instant de faire valoir mes travaux futurs. Dites bien à M. Desgranges que ce n'est qu'une avance que je demande,... que je vais avoir des travaux superbes.

MADAME DESGRANGES

Allez! Allez!

(Henri et Madeleine sortent.)

SCÈNE CINQUIÈME

Madame Desgranges, puis **Desgranges**.

DESGRANGES, à la cantonade.
(*Apercevant sa femme.*) Ah! je te cherchais!

MADAME DESGRANGES
Et moi aussi!

DESGRANGES
Quel air grave...

MADAME DESGRANGES
C'est qu'il s'agit d'une chose grave... Mon ami, je t'en supplie, au nom de nos vingt-cinq ans de bonheur, accorde un supplément de dot à nos enfants.

DESGRANGES
Je m'en garderai bien, je m'applaudis trop du parti que j'ai pris!... Mon système est trop bon pour que j'en change.

MADAME DESGRANGES
Comment! as-tu le cœur de les voir et de les laisser aussi gênés?

DESGRANGES
Ils sont gênés?

MADAME DESGRANGES
Affreusement, mon ami.

DESGRANGES
Tant mieux! mon gendre se donnera plus de mal pour acquérir sa clientèle.

MADAME DESGRANGES
Mais elle ne vient pas cette clientèle!

DESGRANGES
Raison de plus pour tout faire afin qu'elle vienne.

MADAME DESGRANGES
Ils ont des charges de plus!

DESGRANGES
Tu veux dire des bonheurs de plus! (*Madame Desgranges levant les bras au ciel.*) Voyons ma femme! pas d'exclamations et raisonnons! Supposons qu'il y a trois ans, j'aie donné à ma fille cent mille francs de plus, comme tu le voulais, que serait-il arrivé?

MADAME DESGRANGES, avec un mélange d'indignation et d'attendrissement.
Il serait arrivé, qu'au lieu de vivre de privations comme ils ont été obligés de le faire depuis trois ans, au lieu de se tout refuser...

DESGRANGES
Permettez! ma femme, permettez! il me semble...

MADAME DESGRANGES
Il te semble?... Eh bien, veux que je te dise? Quand

je vais chez eux à l'heure du diner, que je vois leur pauvre petit couvert si modeste... un seul plat de viande, un seul plat de légumes, et pas d'entremets sucrés, les pauvres chéris! et qu'en revenant chez nous, je te trouve, toi, attablé jusqu'au menton, avec de bonnes poulardes rôties, de bons perdreaux bardés... car il te les faut bardés maintenant.

DESGRANGES

Que veux-tu, ma chère? en vieillissant...

MADAME DESGRANGES

Eh bien, cela me fait mal! Je me reproche tous les bons morceaux que je mange.

DESGRANGES

Pas moi!

MADAME DESGRANGES

Je nous trouve révoltants...

DESGRANGES

Ma femme!... ma femme!... du calme! et revenons à la question, car tu t'en es complétement écartée. Suis bien mon raisonnement si tu peux. Nous sommes aujourd'hui le 15 novembre; notre fille, notre gendre, leurs deux enfants, leurs deux domestiques sont ici dans notre maison de campagne depuis le 13 août, soit trois mois deux jours; et ils comptent y rester, eux, leurs enfants et leurs domestiques jusqu'au moment de notre départ, soit le 20 décembre...

MADAME DESGRANGES

Eh bien! Est-ce que tu veux leur reprocher leur séjour ici maintenant? Est-ce que tu vas te plaindre de ce que leur présence te coûte? Est-ce que tu aurais l'intention de les exiler de chez toi... de chez moi!... Oh! mais un instant, halte là!

DESGRANGES

Ma femme!

MADAME DESGRANGES

Me priver de la vue de mes enfants! mais c'est ma seule consolation ici-bas!

DESGRANGES

Merci?

MADAME DESGRANGES

C'est que je te connais! Tu es capable de trouver que les enfants font trop de bruit! Pauvres amours!... dont les petites voix sont si douces, dont les petits pas sont si mignons!

DESGRANGES, avec impatience.

Mais qu'est-ce qui te dit le contraire? laisse-moi donc parler, et encore une fois suis mon raisonnement. Pourquoi notre fille et notre gendre sont-ils restés avec nous trois mois et quatre jours, et pourquoi y resteront-ils jusqu'au 20 décembre?

MADAME DESGRANGES

Belle question! Parce qu'ils nous aiment!... parce

qu'ils se plaisent avec nous !... parce qu'ils savent nous faire plaisir... parce qu'ils sont affectueux, sensibles...

MADAME DESGRANGES, riant.

Enfin, tout le contraire de moi, n'est-ce pas... (*Allant à sa femme.*) Tiens, viens que je t'embrasse. Je t'adore, toi, parce que tu as toujours douze ans.

MADAME DESGRANGES

Comment! douze ans!

DESGRANGES

Je veux dire parce que tu es et seras toujours la bonne créature, naïve, confiante, crédule, que j'ai épousée avec tant de plaisir!

MADAME DESGRANGES, un peu offensée.

Comment naïve, crédule! Est-ce que tu prétendrais que nos enfants ne sont pas...

DESGRANGES

Si! ma femme,... ils sont tout cela et plus encore! Mais t'imagines-tu que ta fille, avec sa jolie figure, qu'elle a plaisir à montrer parce que l'on a plaisir à la voir; que ton gendre, avec ses goûts d'artiste et son imagination, laisseraient là Paris et ses premiers plaisirs d'hiver; bien plus, qu'il y irait, lui, pour ses affaires tous les matins et en reviendrait tous les soirs, le tout pour l'unique bonheur de faire une partie de piquet avec un père qui commence à être un peu sourd et une mère qui gagnerait à être un peu muette.

MADAME DESGRANGES

Mais que supposes-tu donc ? Quel motif donnes-tu à leur séjour prolongé chez nous.

DESGRANGES, en riant.

Ma chère, te rappelles-tu que quand tu étais jeune et que tu avais de fort beaux cheveux, tu étais enchantée d'aller à la campagne pour laisser reposer ta raie!... Eh bien, nos enfants sont enchantés de rester ici pour laisser reposer leur bourse.

MADAME DESGRANGES

Ah!... malheureux, peux-tu supposer...

DESGRANGES

Je ne leur en veux pas! Je ne les accuse ni d'ingratitude ni d'indifférence! Je suis sûr que s'ils avaient vingt mille livres de rentes au lieu de dix, ils nous aimeraient toujours, mais moins longtemps de suite! Ainsi, par exemple, je ne connais pas de gendre pareil au mien: on n'a pas plus de déférence, plus d'attentions; il ne laisse pas passer un seul de mes anniversaires, anniversaire de fête, anniversaire de naissance, anniversaire de mariage, sans accourir avec un énorme bouquet.

MADAME DESGRANGES

Et tu crois que l'intérêt seul...

DESGRANGES

Oh! non! ma femme!... Pas l'intérêt seul!... non l'intérêt composé... composé moitié d'affection et moitié de calcul..., calcul inconscient dont il ne se rend pas compte, mais que je devine, qui tient à ce qu'il a besoin de moi, et dont je profite sans lui en vouloir.

MADAME DESGRANGES

Tiens! tu n'es qu'un malheureux! Tu dépoétises tout! Tu désenchantes tout! Il faut être capable de pareils sentiments pour les prêter aux autres! C'est monstrueux!

DESGRANGES

Du tout! c'est naturel! Les vieux sont très ennuyeux! Ils faut qu'ils se rattrapent par quelque chose! Je me rattrape par l'hospitalité!

MADAME DESGRANGES

Dis tout de suite que nos enfants prennent notre maison comme une auberge!

DESGRANGES

Eh! sans doute l'auberge du Lion d'or! Ici on loge à pied et à cheval les enfants gênés qui ont des économies à faire. Ont-ils trop dépensé en spectacles, en bals, en concerts, allons passer huit jours chez papa! Projettent-ils de se payer un petit voyage, allons passer un mois chez papa! Un des enfants est un peu souffrant... Envoyons-le à la campagne chez papa! Et on l'envoie!... Et l'on vient avec lui! Et comme on est reçu à bras ouverts! comme on est défrayé de tout, comme le père a une bonne installation, et une bonne table, comme on y trouve de bonnes poulardes et de bons perdreaux que ce père égoïste est enchanté de partager avec ses enfants, ils viennent, ils reviennent, et ils restent avec plaisir.

MADAME DESGRANGES

Ah! le misérable!... Il fait de l'égoïsme avec tout, même avec l'amour paternel!

DESGRANGES, sans avoir l'air d'entendre sa femme.

Mais suppose au contraire... Suppose que j'aie doublé la dot de ma fille, comme tu le voulais, que serait-il arrivé? Qu'aujourd'hui nos enfants, vu la tête un peu enthousiaste de mon gendre, ne seraient peut-être pas beaucoup plus riche, et que moi, je serais beaucoup plus pauvre; que je ne pourrais ni les recevoir aussi longtemps, ni les recevoir aussi bien, et qu'ils viendraient moins chez moi, parce qu'ils seraient mieux chez eux. Ah! bon Dieu, ma chère! Mais si mes enfants étaient plus riches que nous, il y a plus de six semaines déjà que ma fille trouverait Villeneuve-Saint-Georges trop humide à l'automne; qu'elle redouterait pour ses enfants les brouillards de la rivière et que mon gendre m'aurait déclaré que ses voyages quotidiens à Paris altèrent sa santé!... Voici donc ma conclusion, que je dédie à tous les pères qui ont des filles à marier. « Voulez-vous garder vos enfants? Gardez votre argent!... Voulez-vous jouir de vos petits enfants? Gardez votre argent! Car c'est grâce à l'argent que le père reste le chef de la famille; que la maison paternelle reste le foyer domestique, c'est-à-dire pour les vieux une retraite d'honneur et de bien-être: pour les jeunes, un lieu de refuge et de plaisir; pour les petits, un nid où ils viennent chercher la santé et parfois des soins plus intelligents que les soins maternels eux-mêmes; pour tous, enfin, un centre, un sanctuaire où se forment les souvenirs, où grandissent et vieillissent les générations successives, où se perpétuent enfin les traditions de respect et de tendresse! Appelle, si tu le veux, ma prévoyance calcul et personnalité, moi, je la nomme le véritable amour paternel, celui qui consiste à rendre les enfants plus heureux et meilleurs : Car, remarque-le bien, ma chère, mon gendre avait, je veux le croire, les plus heureuses dispositions pour faire un gendre charmant, mais enfin, sans ma prévoyance, ces bonnes qualités seraient peut-être restées à l'état de germe, de boutons... A qui donc doit-il leur plein épanouissement? A moi!

MADAME DESGRANGES

Par exemple!...

DESGRNGES

Sais-tu ce qui arrive au père Boyer! Ses enfants l'ont mis à la porte et nous l'avons fait inscrire hier au bureau de bienfaisance. Affabulation : Je n'ajouterai pas un sou à la dot de ma fille.

SCÈNE SIXIÈME

Madame Desgranges, puis **Madeleine.**

MADAME DESGRANGES, poursuivant son mari de ses reproches.

Sans cœur! (*En redescendant, elle voit sa fille et va à elle.*) Rien à obtenir!... Mon Dieu! qu'as-tu donc?

MADELEINE, avec douleur.

Oh! maman! un grand malheur!

MADAME DESGRANGES

Un accident à la petite!

MADELEINE

Oh! non! Dieu merci!

MADAME DESGRANGES

Mais alors, quoi donc?

MADELEINE

Ce monsieur qui est venu parler à Henri.

MADAME DESGRANGES

De la part de sa grande société!... Hé bien!

MADELEINE

Hé bien !... une faillite !... un désastre ! les gérants en fuite ! les commanditaires compromis ! Et Henri qui avait donné sa signature.

MADAME DESGRANGES

Sa signature ! Pour une forte somme ?

SCÈNE SEPTIÈME

Les mêmes, Henri.

HENRI

Pour vingt-cinq mille francs !

MADAME DESGRANGES

Vingt-cinq mille francs ! mais malheureux comment avez-vous pu ?

HENRI

Ce n'est pas par esprit de spéculation !... Dieu sait si je suis spéculateur !... J'ai été trompé ! trahi ! Ils ont fait luire à mes yeux le titre d'architecte de la compagnie ! Que voulez-vous ! des maisons à bâtir !... Je n'ai pas pu y résister !... J'ai vu là le placement de toutes mes idées d'artiste ! car j'en ai, j'en suis sûr !... Ma tête est partie ! on m'aurait demandé ma signature pour cent mille francs, je l'aurais donnée ! Comment me figurer que des gens qui me promettaient des constructions ne sont pas les plus honnêtes gens du monde.

MADAME DESGRANGES

Mais enfin, ces vingt-cinq mille francs, quand faut-il les donner.

HENRI

Tout de suite ! il faut les déposer chez un notaire ! ou sinon, me voilà compromis dans cette vilaine affaire !... Je passe pour complice.

MADELEINE, avec un cri.

Pour complice !

HENRI

Oh ! l'homme qui est là vient de me le dire ! Une plainte est faite au tribunal ! Une plainte en escroquerie.

MADAME DESGRANGES, épouvantée.

Que dites-vous ?

HENRI

Il me menace d'aller parler à mon père ! Il voulait s'adresser à M. Desgranges !... J'ai la tête perdue ? je suis désespéré ! (*Il tombe en pleurant sur un siége.*)

MADELEINE

Prends ma dot !

HENRI

Tu sais bien que je n'y peux pas toucher !... et je

n'ai que les intérêts de la mienne! Oh! si ce scandale éclate, que dira mon père?

MADELEINE, l'embrassant avec douleur.

Henri!... mon ami!...

MADAME DESGRANGES

Oh! ma foi! je n'y tiens plus! je ne peux pas les voir souffrir ainsi! (*Elle sonne et court au petit secrétaire qui est à droite.*)

MADELEINE

Que fais-tu, maman?

MADAME DESGRANGES, se mettant à écrire.

Tu vas bien le voir.

JEAN, entrant.

Madame m'a sonné!

MADAME DESGRANGES, prenant une boîte dans le secrétaire.

Cette lettre et ce paquet à son adresse, allez! (*Jean sort.*)

HENRI, qui a regardé l'adresse.

Qu'ai-je lu? A M. le marquis d'Ormoy!

MADELEINE, avec un mélange de tendresse et de crainte.

Quoi!... maman!... tes diamants!

MADAME DESGRANGES

Oh!... c'est bien mal ce que j'ai fait là! je n'avais pas le droit de le faire!... mais je ne peux pas vous voir de chagrin!... j'aime mieux tout!... j'aime mieux m'exposer à tout.

HENRI et MADELEINE, lui baisant les mains.

Ah! maman! maman!

MADAME DESGRANGES

Oui! aimez-moi bien!... je le mérite! Si vous saviez combien il m'en coûte... et combien il m'en coutera peut-être!... Enfin... Henri, allez dire à ce monsieur qu'il sera satisfait, qu'on payera tout ce soir!... (*On entend la voix de M. Desgranges.*)

SCÈNE HUITIÈME ET DERNIÈRE

Les mêmes, Desgranges.

DESGRANGES, à la cantonade.

Par ici!... apportez la table par ici!... Ah!... ma foi!... je meurs de faim!... Il est six heures!... comme les jours baissent. (*Aux domestiques qui apportent la table.*) Allez chercher le potage! Eh bien fillette, ta robe te plaît-elle? te va-t-elle bien?

MADELEINE

Oui, père !

DESGRANGES

Et toi, ma femme ! quelle robe mettras-tu ? Il s'agit de produire ce que tu as de plus beau. N'oublie pas tes dentelles pour faire honneur à tes diamants. Je suis sûr que la monture... Une idée !... Voyons donc l'effet qu'ils font à la lumière !

MADAME DESGRANGES, *troublée.*

Quoi ?

DESGRANGES

Tes diamants ! Prends-les donc !

MADELEINE, à Henri.

Je tremble.

DESGRANGES

Hé bien !...

MADAME DESGRANGES

C'est que je ne sais pas...

DESGRANGES

Où ils sont ? Je le sais, moi. Tu les a mis là, dans ce petit secrétaire. (*Il se dirige vers le secrétaire.*)

MADAME DESGRANGES

Mon ami !.. (*Bas à ses enfants.*) Nous sommes perdus !...

DESGRANGES, qui a ouvert le secrétaire.

Ils n'y sont plus !... Où sont-ils donc ?... Te voilà toute tremblante !... (*Se retournant vers Henri et Madeleine.*) Et vous la tête basse et l'air confus !... Qu'y a-t-il donc ?... Où sont ces diamants ? Répondez-moi ?... Je te l'ordonne ?... Qu'en as-tu fait ?... Tu te tais ! c'est donc à moi de parler ? Tu les a vendus ! vendus pour payer l'imprudence de ton gendre !

MADAME DESGRANGES

Mais...

DESGRANGES.

Je devine tout, ou plutôt, je sais tout !... Cet homme d'affaires m'a appris le désastre et la disparition de ces diamants me dit le reste ! Ainsi, parce qu'il a plu à monsieur de s'associer à une entreprise chimérique ! parce qu'il a fait la folie de donner sa signature à des coquins qui l'ont trompé, il a fallu que toi, pour payer sa dette, tu m'arrachasses le plus cher souvenir de ma mère, le plus cher témoin de notre tendresse, que tu empoisonnasses la joie de ce jour... Ah ! c'est bien mal !

MADAME DESGRANGES

Mon ami !...

MADELEINE

Mon père !

DESGRANGES

Silence! voici les domestiques. Allez vous mettre à vos places.

(Les domestiques apportent la table servie. — Mme Desgranges, Henri et Madeleine gagnent tristement leurs places.)

DESGRANGES, aux domestiques.

C'est bien! laissez-nous. (*Ils sortent.*)

MADAME DESGRANGES, poussant un cri, après avoir déplié sa serviette, sous laquelle se trouve l'écrin.

Ciel!

HENRI (de même).

Mon Dieu!

MADAME DESGRANGES

Mes diamants! mon écrin!

HENRI, avec un cri de joie, montrant un papier.

Ce bon sur le Trésor! ce bon de vingt-cinq mille francs!

TOUS TROIS, courant à lui.

Mon père!... mon ami!... cher monsieur Desgranges!

DESGRANGES, se dégageant de leurs embrassements.

C'est bon! c'est bon! vous ne m'appelez plus égoïste maintenant! Eh bien! ma prévoyance avait-elle raison? Comprenez-vous enfin qu'il faut qu'un père reste toujours plus riche que ses enfants, fût-ce... ne fût-ce, mes amis, que pour pouvoir les sauver parfois de la ruine et du désespoir!... Seulement, mon gendre, ne recommencez plus... parce que je ne pourrais pas recommencer.

E. LEGOUVÉ.

Paris. Charles Schiller. Imprimeur breveté. 10, faub. Montmartre.

www.ingramcontent.com/pod-product-compliance
Lightning Source LLC
Chambersburg PA
CBHW060608050426
42451CB00011B/2146